Für alle, die Elche lieben.

Impressum

Herausgeber Ines Täuber
Layout und Bilder von Ines Täuber
Norderstedt, BoD-Verlag
© 2022
Herstellung und Verlag: BoD – Books
on Demand, Norderstedt

ISBN 9783756850501

Försjös Abenteuer

von

Ines Täuber

Inhalt

Seite

In jeder Jahreszeit 5
Im Frühling 6
Im Sommer 9
Im Herbst 11
Im Winter 14

An Feiertagen 17
Zu Ostern 18
Zu Halloween 22
Zu Nikolaus 24
Der Weihnachtselch Försjö 28
Die verrückte Nacht (Silvester) 32

An Wochentagen 35
Am Geburtstag 36
Auf der Wies'n 39
Bei der Kräuterhexe 41
Der Teddy 44
Die Mücke 46
Försjö im Zauberwald 49
Im feuchten Sumpfe 52
Im Gewitter 55
In den Pilzen 57
In der Schule 59

In jeder Jahreszeit

Im Frühling

Es war an einem Frühlingstag,
die Sonne schien und alles blühte.
Die Jahreszeit, die ich so mag,
ist immer von besondrer Güte.

Ich saß auf meiner Lieblingswiese,
das war fast wie im Paradiese.
Die Gänseblümchen schmeckten klasse
und davon gab's ne ganze Masse.

So kaute ich und träumte heiter
und dachte auch nichts Böses weiter...
Da sah ich etwas Braunes blitzen
und Blätter vom Gebüsch stibitzen.

Doch weil mich das schon interessierte,
wer da den Wald so malträtierte,
hab' ich mich leise angeschlichen,
um ihn von hinten zu erwischen.

Es war ein Elch, der guckte niedlich.
Nein eine Frau, ach war die lieblich!
Sie hatte große blaue Augen
und Ohren, das war kaum zu glauben!

Sie war wohl auch wie ich erschrocken,
denn senkrecht standen ihr die Locken,
Und sagte mir, sie heiße Liese
gleich war mir klar, gerade diese
war wirklich wie für mich gemacht.
Drum gar nicht lange nachgedacht.

So konnte ich nicht widerstehen
mit ihr ein Stück spaziern zu gehen.

Die Freude dauerte nicht lange:
Denn leider lauerte am Hange
ein andrer Elch, der nah geblieben,
und sich im Wald herumgetrieben.

Und der verstand die Lage schnell,
er forderte mich zum Duell.

Nun bin ich auch nicht zimperlich,
doch seine Wut war fürchterlich
und sein Gehörn tat ihn erbeben.
Jetzt konnte ich recht was erleben...

Ich hasse diese Art Konsorten!
Mein Leben war mir lieb geworden.
Das Handtuch habe ich geschmissen
und durch den Wald die Flucht ergriffen.

Denn meine Gänseblümchenwiese
ist mir viel lieber als die Liese.
Ins weiche Gras kann ich mich setzen
und muss nicht durchs Gehölze hetzen.

Was brauch ich aller Herren Frauen,
kann ich mein Frühstück nicht verdauen.
Die Mär lass Dir vom Försjö sagen:
Es geht nichts übern eignen Magen!

Dein Försjöööööööö!

Im Sommer

Wenn ich am Mittag draußen sitze
und wie ein Elch gewaltig schwitze,
dann weiß ich, es ist Sommerzeit
und mich ergreift die Fröhlichkeit.

Wie letztes Jahr, nun hört einmal!
Ich fühlte mich ganz kolossal.
Die Badehos' hab' ich gepackt,
oder war ich sogar nackt...?

Ich wollt mich lange sonnen gehen
und richtig schokobraun aussehen
von vorne und von hinten,
damit die Frauen mich gut finden.

So legte ich mich in die Sonne
und räkelte mich mit viel Wonne.
Die Rosen dufteten so lieblich,
ach in der Sonne war's gemietlich!

Bald machte ich die Augen zu
und schlief in ungestörter Ruh.
Die Zeit lief schneller als ich dachte,
weil ich am Abend erst erwachte.

Bei einem Blicke auf mein Fell
erkannte ich mit Schrecken schnell:
Mein Bauch war überhaupt nicht braun,
war eher rötlich anzuschauen.

Nun sah ich gar nicht sexy aus
und konnte aus der Haut nicht raus.
Es brannte alles um mich her.
Ach Gott, wo war die Feuerwehr!

Doch ein Gedanke kam mir gleich.
Ich sprang in einen nahen Teich.
Da hat's gebrodelt und gezischt,
doch recht geholfen hat es nischt.

Die Frösche haben sich gedacht,
was der wohl dort für Faxen macht?
Und hätten sich noch amüsiert,
wär ich am Ende glatt krepiert.

Nun schlich ich erst einmal nach Hause
und machte lange Sommerpause
in meiner Lieblingsbadewanne
mit kaltem Wasser aus der Kanne.

Ein Jahr bin ich da drin geblieben.
Nach draußen konnt' mich keiner kriegen.
Im Sommer gehe ich seitdem mit Brille,
Hut und Sonnencreme.

Der Rat soll Dir vom Försjö kommen:
Sich niemals ohne Creme sonnen!

Dein Försjöööööööö!

Im Herbst

Die Blätter werden immer bunter
und schließlich fallen sie alle runter.
Wie Teppich unter meinem Fuß,
nur dass ich ihn nicht saugen muss.

Ich laufe gern im Wald herum
und stülpe alle Blätter um.
Sie tanzen wild in allen Ecken,
ich kann sie auf die Hörner stecken.

Doch einmal ist mir was passiert,
das hab' ich wirklich nicht kapiert.

Da wanderte von ganz alleine
ein Apfel so als hätt' er Beine
genau durch mein Radieschenbeet.
Am Abend hab' ich ihn erspäht.

Den wollte ich für mich erhaschen
und hinterher ganz schnell vernaschen.
Doch als ich zugriff, hat's gepikst.
Da waren Stacheln, oh verflixt!

War mir mein Kaktus weggelaufen?
Dann muss ich mir nen neuen kaufen...
Es drohte plötzlich ganz vermessen:
„Du sollst nicht meinen Apfel essen!"

Es sah mich an und guckte schief.
Es war ein Igel, der da rief.
„Ich brauch das für die Winterzeit.
In ein paar Wochen ist's soweit!"

„Und apropos", sagte er noch,
„Kennst Du vielleicht ein warmes Loch?
Das Rheuma macht mir arg zu schaffen.
Im Winter frier ich wie die Affen!"

Ich überlegte viel und lange,
denn mir war doch ein bisschen bange.
„Nun ja, ich hab' ein Ofenrohr
nur siehst Du dann aus wie ein Mohr..."

Der Igel sprach ganz lieb und fein:
„Ach bitte, lass' mich trotzdem rein.
Ich will auch immer artig sein."

Ich dachte mir, der ist voll Tücke,
frisst meine letzten Schokostücke.

Der Kleine riet wohl meinen Sinn
und lief zu meinen Füßen hin.
„Ich schlafe doch die ganze Zeit
und mache keine Schwierigkeit."

So hat er doch mein Herz gewonnen.
Ich hab' ihn mit nach Haus' genommen.

Letztendlich war es wirklich nett.
Er schnarchte tief in seinem Bett
aus Blättern, Moosen und aus Stroh.
Wir beide war'n des Lebens froh.

Nur angefasst hab' ich den Wicht
auf alle Fälle lieber nicht.

Denn eins lass' Dir vom Försjö sagen:
„Die Stacheln kann man nicht vertragen!"

Dein Försjööööööö!

Im Winter

Der weiße Schnee bedeckt die Gipfel
und auch die zarten Tannenwipfel.
Das Laufen kann nun schwierig sein,
man sackt bei jedem Schritte ein.

Einst lockte mich die Winterzeit,
denn meine Skier standen bereit.
Ich wollte sie gleich ausprobieren,
für's Üben keine Zeit verlieren.

Den höchsten Berg hab' ich erklommen
und bald schon Lust auf's Fahrn bekommen.
Die Skier an, die Stöcke auch,
vor Freude kribbelte mein Bauch.

Ich gab mir einen kleinen Stoß
und schon ging meine Reise los.
So langsam fing ich an zu rutschen
und konnte durch den Tiefschnee flutschen.

Jedoch musst' ich mich sehr verrenken.
Wie sollte man die Dinger lenken?
Und bald ging's ab im Affenzahn.
Was hab' ich mir da angetan?

Drei Hasen hab' ich überfahrn,
zwei Hühner und 'nen Auerhahn.
Entwurzelt hab' ich eine Tanne
und weiter ging's mit voller Kanne.

Dazu kam eine junge Fichte,
die Sträucher macht' ich auch zunichte.
Ich dachte, was wird's jetzt noch geben,
das Bremsen hatt' ich aufgegeben.

Ein Hirsch, der musste auch dran glauben,
dem tat ich das Gehörne rauben.
Das ist mit mir in hohem Bogen
ratz fatz den Berg hinabgeflogen
und krönte einen Jägersmann,
der da gerad des Weges kam.

Ich heulte fast, die armen Viecher!
Und hatte schon den richt'gen Riecher:
Auch Bauers Kuh war nicht mehr sicher.

Ich habe sie auf's Horn genommen.
Ne Delle hat sie abbekommen.
Und weiter ging's im Wahnsinnszaster.
Der Bauer brauchte auch ein Pflaster.

Am Schluss - ich konnt es nicht begreifen -
Ne Katze musst ich mit mir schleifen.
Das Vieh war wirklich ganz gerissen.
Am Brett hat sie sich festgebissen.

Ein Graben brachte mich zum Stehen,
jetzt konnt' ich wahrlich kaum noch gehen.
Drei Kilo Schnee hab' ich geschluckt
und hinterher recht blöd geguckt.

15

Was schmerzten meine zarten Knochen!
Erschöpft bin ich nach Haus' gekrochen.
Das rat ich Dir, vergiss das nie:
„Die Hände weg vom Winterski!"

Dein Försjöööööööö!

An Feiertagen

Zu Ostern

In der schönen Osterzeit
bin ich zum Naschen gern bereit.

Man kann die Schokolad verstecken
und sie dann gleich für sich entdecken,
will man den Brauch nicht ganz vergessen,
sonst kann man sie auch sofort essen.

Als Kind hört ich von meinen Basen,
es gäbe da besondre Hasen,
die sich der Sache angenommen.
Ich hab sie nie zu sehn bekommen.

Weil das Geheimnis dunkel blieb,
ergriff mich bald der Forschungstrieb.
Hätt die Geschichte wahren Sinn –
wo wäre da mein Anteil hin?
Ich wollt ein Stückchen von dem Kuchen,
drum fing ich an im Wald zu suchen.

Die Sträucher gabs in hoher Zahl,
die Neugier wurde bald zur Qual.
Fast alles wäre umgepflügt,
hätt der Verstand mich nicht besiegt.

Ich saß erschöpft und dachte
viel nur mit Methode naht das Ziel.
„Allein im Tale wächst der Rasen,
also gibt's dort bestimmt auch Hasen."

Und kaum war ich noch ganz benommen
von all dem Wahne angekommen,
so ließ in einem Blumengarten
die Überraschung auch nicht warten.

Über den Zaun konnte ich spähn
und gleich fünf Ostereier sehn,
die scheinbar meiner Ankunft harrten.

Recht bald schon wurde ich gewahr,
dass ihre Füllung Nougat war.

Was hab ich diesen Fund genossen
in Süße ist die Zeit verflossen.
Geschwelgt hab ich bei jedem Baum,
der ganze Garten war ein Traum.

Doch plötzlich hört ich laute Stimmen
vom nahen Haus herüberklingen.
Die Eier waren, welch Verdacht,
vielleicht doch nicht für mich gemacht?

Es steigerte sich zum Gebrüll
und endlich hatt ich das Gefühl,
ich sollte vielleicht doch verschwinden,
bevor mich wütge Leute finden.
Denn ich glich nicht dem Osterhasen
mit dem Gehörn und meiner Nasen.

So bin ich dann recht gut genährt
in meinen Wald zurückgekehrt.
Und dachte noch mit Unbehagen,
was soll das lärmende Betragen?

Um Streitigkeiten zu vermeiden
könnt man doch an die Eier schreiben
für wen sie denn bestimmt gewesen,
dann bräuchte man das nur noch lesen.

Doch eigentlich find ich das schön,
sie nicht mit Namen zu versehn.
Denn wenn ich das Problem bedenke,
so bin ich froh über Geschenke,
die weit verstreut in Büschen liegen,
denn dann kann sie ja jeder kriegen.

Die Hasen nehmen's nicht genau
und ich, der Försjö, bin ja schlau.

Drum streune ich in Ostertagen
im Tale häufig mit Vergnügen
und kann mich ohne Ende laben
an Eiern, die in Gärten liegen.

Dein Försjööööööööö!

Zu Halloween

Im Herbstwald Nebelschwaden ziehen
und ich weiß, es ist Halloween.
Da kann man sich als Geist verstecken
und viele Kinderlein erschrecken.

Das macht mir Spaß so wie noch nie,
drum bin ich mit von der Partie.
In Omas Betttuch kann ichs treiben.
Zwei Löcher für die Augen schneiden,
und aufs Gehörn paar bunte Kerzen,
mein Aussehen ist nicht zum Scherzen.

Im Nachbarstal mein Unwesen treibe
und rück den Nachbarn auf den Leibe.
So läute ich an jeder Türe,
wozu ich große Lust verspüre.

Geht dann das Tor auf, röhr ich laut
und meistens ist man nicht erbaut.
Die Kinder rennen weinend weg,
die Alten rührn sich nicht vor Schreck.

Nur eine Frau, geschmückt als Drache,
fragt mich, was ich für Faxen mache.
Sie lacht mich ob des Umhangs aus
und lädt mich ein zu ihr ins Haus,
dort gibt es Kuchen, Schnaps und Bier
ich fühle mich recht wohl bei ihr.

Und ist der Spuk vorbei recht bald,
geh ich vergnügt in meinen Wald.
So sage ich mit vollem Bauch:
Was ist das für ein schöner Brauch.

Sollt mal ein Elch vorm Tore stehn,
lass ihn nicht ohne Gabe gehen.

Dein Försjööööööö!

Zu Nikolaus

Es war an einem Weihnachtsabend
da bin ich durch den Wald spaziert
und mir ist Folgendes passiert:

Ich sah auf einer Tannenspitzen
etwas sehr Seltsames sitzen.
Ich schaute hoch und wollte fragen,
vielleicht kann ja das Vieh was sagen?

„Hallo, wer bist denn Du dort droben?
Mir wär ja schwindlig
so weit oben...“

Da ruft's:
„Du sprichst so frech, mein Bengel!
Ich sag es Dir, ich bin ein Engel!“

„Und ich“, rief ich,
„Du liegst auch falsch.
Ich bin kein Bengel, bin ein Elch! „Försjööööööö!“

Ich fing wieder zu sprechen an:
„Ach komm' doch runter kleiner Mann,
damit ich Dich betrachten kann“

Er flog herunter von dem Baum
und mir wars wie im schönsten Traum.

Sein Kleid war weiß, es glänzte golden
und seine Flügel,
wie frisch vom Bügel.

„Ach lieber Engel, sage mir
doch Deinen Namen":
Er sprach und weinte zum Erbarmen:
„Ich heiße Kasimir."

O, dacht ich mir, ich hätte gerne
auch solche Flügel,
dann flög ich in die warme südliche Ferne
als „Engelflügelelch."

Der Engel ahnte meinen Sinn.
Und setzt' sich auf den Boden hin.
Er sprach mit weinerlicher Stimme,
ob mein Verstand nun wirklich spinne!
Es sei gar nicht so leicht zu fliegen
und gar die richtge Richtung zu kriegen.

Er wisse gar nicht mehr wohin.
Zum Weihnachtsmann stand ihm der Sinn.
Jetzt säß er halt in diesem Wald
und seine Flügel wär'n ihm kalt.

„Ich weiß", sprach ich,
„ich nehm' Dich mit auf meinem Rücken.
Und sind wir erst zu Hause,
dann ruf ich den lieben Weihnachtsmann
mit meinem supertollenmegaelchgeilen Handy an
und frag', ob er Dich abholen kann."

Der Engel war recht angetan
von meinem Tatdrang und Elan.
Er sprach nur kurz: „Du bist ein Schatz!"
Und nahm auf meinem Rücken Platz.

So sprang ich gleich in wilder Hatz
 durch Wald und Flur in einem Satz.

Wir mußten auch nicht lange suchen
und kaum zu Haus, haben wir gleich
den Weihnachtsmann angerufen!

Nach einer Stunde waren
die Rentiere schon angefahren.
Der Engel konnte wieder lachen
und mit den Rentieren Späße machen.

Er dankte mir und kraulte mich.
„Jetzt wünsch' Dir etwas ganz für Dich."
Ich sprach: „Ach Engel, nimm's nicht übel.
Ich wünsch mir doch so gerne Flügel!"

„Du kleiner Narr,
was werden denn
die andern Elche sagen.
Die werden sich nicht mehr
mit Dir vertragen."

Sagte er weise.
Er hatte ja recht sch...

„Dann wünsch' ich mir
von Dir
zum Niklaus immer was zu Naschen,
in meinen Stiefeln und den Taschen."

Der Engel sprach:
„Das lässt sich machen!
Doch achte immer drauf, mein Kind,
dass alle Stiefel sauber sind."

Und seitdem, vor dem Nikolaus,
stell' ich geputzte Stiefel raus.
Kaum ein Tag später kann ich baden,
in Nüssen, Äpfeln, Schokoladen!

So kann ich nie genügend kriegen.
Von mir aus können noch viele Engel
in die falsche Richtung fliegen! Hi, hi, hi.....

Dein Försjöööööööö!

Der Weihnachtselch „Försjö"

Vom tiefen Schweden komm ich her,
ich muß Euch sagen, es weihnachtet sehr.
Und überall auf den Tannenspitzen
sieht man viele bunte Lichtlein blitzen.

In Schweden fliegen viele Flocken,
die sich als Schnee auf Tannen hocken.
Den Hasen sterben ab die Ohren
und auch mein Schwanz ist abgefroren.

Kein grünes Blättchen zum Zerkaun
kein Häppchen Gras lässt sich verdaun.
So zieh ich dann durch Flur und Wald,
der Magen knurrt, die Füß' sind kalt.

Doch was erhaschen meine Augen?
Im letzten Dämmer, kaum zu glauben!
Ein Liiiiiicht !

Ein riesengroßes Haus
und ein paar Zwerglein
schauen heraus.

Ich hüpfe munter durch das Tor,
kein Riegel klemmt zum Glück davor.
Und kaum habe ich mich verseh'n,
steht neben mir das erste Ren.

Es ist ganz dick und vollgefressen,
die Hungersnot ist schnell vergessen.
Wie schön ist's hier,
so warm, viel Stroh, das macht ne Elchseele ganz froh.

Ich luge durch die nächste Türe
und seh der Männchen
dreie, viere
geschäftig nähen, malen, basteln,
Pudding rühren, Süßholz raspeln
und da ist noch ein großer Mann,
so groß,
dass ich es nicht beschreiben kann.

Er trägt nen Bart ganz ellenlang,
er blickt zu mir,
und mir wird bang.

Sein Mantel rot, die Mütze auch,
zwei schwarze Schuh, ein dicker Bauch...
„He, Elch!
Wo bist du hergekommen?"
Hab ich ihn bald darauf vernommen.
Ich stottere beklemmt, benommen...

„Ich komme aus dem tiefen Wald.
Da ist es oberhundeelchkalt
und dunkel wird es auch bald,
halt...

Ach bitte lass mich übernachten
und nicht im tiefen Schnee
verschmachten."

So schaue ich mit Hundeblick
und alle Rentiere schauen mit.
Der Riese lacht und ich kann bleiben.
Bei meinem Scharm nicht zu vermeiden.

Und weil es schön gemütlich ist,
beschließe ich ganz still für mich,
den Winter hier zu überdauern
mit gutem Heu, in sich'ren Mauern.

Der Riese meint zu mir nun bloß:
„Nee, Elch, das ist nicht kostenlos!
Du musst mir helfen, darfst nicht rosten...
„Ich kann die Leckereien verkosten.
Man muss doch ganz gewisslich sehen,
dass sie die Kinder nicht verschmähen!"

Der Riese nickt. - „Na, wenn Du denkst."
Und wie ein wild gewordner Hengst
stürm' ich vor Freude in die Küche,
dort wehen die süßesten Gerüche.

So koste ich den ganzen Tag
all das, was ich so gerne mag.
Schokolade, Brezeln, Pfefferkuchen...
auch Bonbons musst' ich versuchen.
Doch spät am Abend fing es an...
was hat mein Bauch mir weh getan.

Ich weine „Weh, oh jemineeee!"
Und schlucke bittern Magentee.
So ging es noch die nächsten Tage,
die Lust vorher war jetzt die Plage.
Nichts Süßes konnt' ich mehr ersehn.
Ich bat den Riesen „Lass mich gehn!"

Der sprach: „Gut, reise weiter mit viel Glück,
erzähl allen Dein Missgeschick,
damit sie lernen, nicht vergessen:
Das Süße nicht in Massen essen!"
Und so erzählt' ich in der Runde
den Groß' und Kleinen von der Kunde.
Doch all die bunte Leckerei
ist mir nicht wirklich einerlei...

Denn es ist leichter Rat zu sagen,
in Wahrheit könnt' ich
mir den Bauch vollschlagen... Hi, hi, hi...!!!

Dein Försjööööööö!

31

Die verrückte Nacht (Silvester)

In Schweden feiert man alljahr
den Anfang jedes Januar.
Der Weihnachtsmann ist längst zu Hause
und macht nun erstmal Sommerpause.

Man trinkt erleichtert wie verrückt,
als hätt' der Wahnsinn ein' gezwickt.
Und letztlich schießt man in die Nacht,
was raucht und riecht und tüchtig kracht.

Ich selbst verkriech' mich unterm Bett,
da ist es stiller und recht nett.
Nur manchmal seh' ich in die Sterne
und hör' Betrunk'ne aus der Ferne.

Doch dieses Jahr hab' ich gedacht,
ob das denn nicht auch Freude macht,
wenn man mal auf die Pauke haut,
dass keiner sich mehr näher traut.

Gar üble Pulver und Tinkturen
tat mir ein Wurzelwichtel rühren.
Die wollt' ich alle fliegen lassen
und das am Besten gleich in Massen.

Ich trank `ne Flasche Schwedenrum,
da gings mir schon im Kopf herum.
Das hohe Dach von meinem Haus
bestieg ich bis zum Schornstein rauf.

Das Schicksal nahm schnell seinen Lauf...

Ich wählte meine Gartentonne,
damit ich alles reinbekomme,
die bald gefüllt bis an den Rand
auf meiner Schornsteinspitze stand.

Denn ich wollt' keine Zeit verlieren,
alles auf einmal ausprobieren.
Ein schönes großes Feuerspiel
braucht aller Zutat und recht viel.

Und in Erwartung, was sich findet,
hab' ich das Ganze angezündet...

So plötzlich hat es laut gepufft.
Ich selbst befand mich in der Luft.
Die Sterne wurden immer bunter,
doch konnt' ich einfach nicht mehr runter.

Kaum näherte ich mich dem Schnee,
flog ich schon wieder in die Höh.

Ich purzelte herum wie wild.
Das gab bestimmt ein schlimmes Bild
inmitten dieser bunten Lichter.
Der Nebel wurde immer dichter.

Die Leute kamen von nah und fern.
Sie sah'n mein Treiben herzlich gern.
Sie jubelten mir zu mit Toben
zu meinem üblen Tanz dort oben.

Nach langer Zeit erst sank ich nieder
und fand mich auf dem Dache wieder.
Genau in meinem Schornstein -
mein Kopf zuerst und dann das Bein.

Die Leute haben applaudiert
und mich für'n Zirkus engagiert.
Da wollt ich aber gar nicht hin,
denn meine Kratzer waren schlimm.

Im Bett hab' ich mich auskuriert
und sowas nie wieder probiert.

Drum liebe Leut', das müsst Ihr wissen:
Raketen nie in Massen schießen!

Dein Försjöööööööö!

An Wochentagen

Am Geburtstag

Im Frühling, den ich so sehr liebe,
denn überall gibt's frische Triebe,
an Büschen und an Hecken,
die sich sonst sehr verstecken.

Genau gesagt im Monat März
erfreut sich saftgen Grüns mein Herz.
Doch nicht nur `s Grün ist meine Freude,
nein, mein Geburtstag jährt sich heute.

Drum mach ich viele süße Torten
mit Rum und Früchten aller Sorten
für Onkel, Kinder, Omas, Tanten,
Freunde und vielerlei Verwandten.

Sie kennen´s schon und kommen in Scharen
den Brauch mit mir gut zu bewahren.
Zusammen essen wir noch Kuchen,
die Kekse will ich auch versuchen.

Die Gläser hoch voll mit Likör
und Sekt dazu, doch hört mal her:
Bald fängt die Sippe an zu singen
und weiter alle Gläser klingen.

Die ersten Elche wanken fröhlich,
die Szenerie wird bald gefährlich.
Sie stoßen alle Tische um
und wollen gern noch viel mehr Rum.

Sie tanzen auf der Minibar,
die eigentlich mein Schmuckstück war.
So endet jede Feier wild,
mir bietet sich ein schlimmes Bild.
Auch ich hab mich bald übernommen
und Schwindelanfälle bekommen.

Der Magen röhrt bedrohlich laut,
er ist für solches nicht gebaut.

Und endlich liegen viele Leichen
des Alkohols mit gänzlich bleichen
Gesichtern in den Stubenecken
oder sie fahren fort zu necken
und brüllen: „Wilde Rauferei!"

Sofort fassen sich zweie, dreie,
an die Hörner, an die Schnauzen
und fangen an, herumzuplautzen.

Solch ein Geburtstag ist nicht ohne,
wo ich sonst brav den Wald bewohne,
herrscht Chaos hier im ganzen Haus
und ich seh bald nicht besser aus.

Mit letzter Kraft schick ich die Meute,
betrunken sind die meisten Leute,
hinaus in ihren Wald und Flur,
was mach ich mit den Trümmern nur?

Hab ich mich oft gefragt und lache,
weil ich die Feier selber mache.
Und ist das Jahr wieder mal um,
die Erinnerung bleibt dunkel, drum,
lad ich mit Sekt und Schnaps und Wein
die lieben Freunde wieder ein.

Ich feier meinen Ehrentag
so wie ich ihn am liebsten mag.
Das Leben ist doch doppelt schön,
wenn sich mal alle wiedersehen.

Drum feier´ wie´s der Försjö macht
und gar nicht lange nachgedacht.
Ist dann auch alles kurz und klein,
der Tag wird einzigartig sein.

Dein Försjöööööööö!

Auf der Wies'n

Im Herbst trifft sich die ganze Meute,
vor allem viele meiner Leute,
so wollt ich auch zur Wies'n gehen
und mal nach den Verwandten sehn.

Sie kommen gern in Münchner Tracht.
Drum hab ich das auch mal gemacht.
Besonders Lederhosen sind
ein rechter Spaß für jedes Kind.
Man kann sich auf die Schenkel hauen
oder am Lederriemchen kauen.

Das Bier schmeckt so nochmal so gut,
mit Gleichgesinnten wächst der Mut,
auch mal ein Liedchen anzustimmen,
die Blaskapelle tut erklingen.

Jedoch, - die Einigkeit ist bald vorbei,
es gibt ne wilde Rauferei.
Ich mache mit, das ist doch klar,
auch wenn ich nicht erfolgreich war.

Ein Faustschlag streckt mich schnell darnieder,
ich finde mich beim Herrgott wieder.

Der sitzt mit Bart mir gegenüber
und trägt ein Hemd mit weitem Kragen,
holt aus in tiefem Ton zu sagen:

Die Zeit für Dich ist noch nicht da
und außerdem seh' ich von nah,
Du stehst bei mir nicht auf der Liste,
das ist eine verzwickte Kiste.

Willst Du nicht in die Hölle gehen
und Dich nach Deiner Art umsehen?
Da wollt ich aber gar nicht hin,
darum sagt ich, dass ich artig bin.
Na gut, sagt er, ich nehm's nicht enge,
schick Dich zurück in das Gedränge.

Als ich erwache, seh'n mich dann,
gut zwanzig Augenpaare an,
bedauern sehr den herben Hieb
und haben sich schnell wieder lieb.

Seitdem feier ich nur in Maßen,
mit Herrgott ist ja nicht zu spaßen.
Und tu auch nicht mehr so viel saufen,
mich mit den lieben Freunden raufen.

Der Försjö wird Euch nun verkündigen:
Nicht zu viel auf Erden sündigen.

Dein Försjöööööööö!

Bei der Kräuterhexe

Da mir vom Röhrn der Hals weh tat,
befolgt ich einen guten Rat,
der mir doch ganz vernünftig schien:
„Geh doch zur Kräuterhexe hin."

Wie eine Base mit erzählte,
die auch immer mal was quälte.

Im Wald sah ich schon bald das Haus,
mit Efeu sah's verwunschen aus.
Ich klopfte dreimal und trat ein.
Wo könnte nur die Hexe sein?

Auf einem Besen, der sie hebt,
kam sie von oben angeschwebt
mit knochigen Fingern, wildem Haar,
das zu nem Zopf gebunden war.

Ihre Augen blitzten wild,
ich war erschrocken von dem Bild.
Doch hatte ich schnell noch den Mut
zu sagen, was mich plagen tut,
weswegen ich zu ihr gekommen,
da habe ich auch schon vernommen:

„Rattenschwanz und Mausezahn,
was fang ich mit dem Försjö an?
Krötenfuß und Spinnenbein,
da fällt mir doch bestimmt was ein."

Trockne Kräuter nahm sie gleich
und Wasser von nem nahen Teich
in einen großen Topf zusammen,
über nem Herd setzt sie's in Flammen.

Bald roch's im Haus nach Kräutertee,
die Angst bei mir war bald passé.
Die Hexe sprach: „Nun nimm nen Schluck."
Ich gab mir einen großen Ruck.

Es dauerte nicht lange, bald
hat's nach dem Trinken laut geknallt.
Mein Fell hatt' plötzlich rosa Streifen,
ich konnt das Ganze nicht begreifen.

Die Hexe hat sich totgelacht
und mir gleich noch nen Sud gemacht.
War der Katar zwar nun verschwunden,
konnt man mich nun mit Punkten finden,
die blau sich überall verteilten,
und neben meinen Streifen weilten.
Ich sah nun gar nicht sexy aus
und floh mit Schrecken aus dem Haus.

Die Hexe lachte hinterdrein,
ich soll so zimperlich nicht sein.

Zu Haus schlief ich ein halbes Jahr,
bis dass die Wirkung weniger war.
Dann wurd' mein Fell auch wieder braun
und samt und seidig anzuschaun.

Tut mir auch noch der Hals so weh,
ich nie mehr zu der Hexe geh.
Denn hat man auch ein festes Ziel,
der Dosis ist's manchmal zu viel.

Der Rat lass Dir vom Försjö sein,
lass Dich nie mit ner Hexe ein.

Dein Försjöööööööö!

Der Teddy

Ein Teddy lebt in meinem Bett,
denn da ist's warm und da ist's nett.

Wenn ich des Abends schlafen geh,
nehm' ich meinen Teddy und ich seh',
die allerschönsten Träume gleich,
denn er ist flauschig und ist weich.

Das weckt Begehrlichkeiten, denn o Schreck,
eines Morgens war der Teddy weg.

Ich suchte überall herum,
im ganzen Schlafzimmer, wie dumm,
dann unterm Tisch, unter den Stühlen,
fing an im Schrank herumzuwühlen.

Und wollte schon den Tränen nah,
mal sehen, ob er im Garten war…

Da sah ich ihn in einem Loch
halb drin, halb draußen, zog dran, doch,
hat' ich ihn dann endlich heraus,
hing an seinem Bein - ne Maus.

Sie piepste kläglich, ließ nicht los,
ich dachte mir, was mach ich blos?

So nahm ich sie zu mir nach Haus
ins Bett und schließlich sah's so aus,
als hätten wir's zu dritt vergnüglich
ein Teddy, Maus und Elch verträglich.

Essen nun Nüsschen, sehen fern,
haben uns am Ende gern.
Teilen das Kuscheltier gemeinsam,
sind zusammen nicht mehr einsam.

Wie hat's der Försjö doch gelenkt,
bekommt zum Schluss 'ne Maus geschenkt.

Dein Försjöööööööö!

Die Mücke

In süßem Schlummer schlafe ich,
da summt es plötzlich nah um mich.
So aus den Träumen jäh gerissen,
nehm ich mein großes Kopfkissen
und schlage wild nach dieser Mücke,
doch diese ist von großer Tücke,
entwischt mir doch in hohem Bogen.
Stattdessen kommt das Bild geflogen,
das einst über dem Bette hing
und sich im Kopfkissen verfing.

Jetzt bin ich vollends aufgewacht
und es ist mitten in der Nacht.
Und wieder summt es mir am Ohr,
ich nehme mir die Mücke vor.

An der Decke sitzt sie heiter
 und denkt sich auch nichts Böses weiter,
nur dass sie gern mein Blut begehrt,
das ist ihr Waghalsigkeit wert.

Ich stehe auf dem Stuhl und schwanke.
Was für ein irrwitzger Gedanke,
ich könnte sie so schnell erwischen,
tatsächlich tut sie mir entwischen.

Nur ich verlier das Gleichgewicht,
die Mücke juckt das alles nicht.

Jetzt lieg ich da mit blauer Nase,
gebrochen ist die Blumenvase,
die einst auf meinem Nachttisch stand,
mit der ich viel Gefühl verband.

Jetzt werd ich aber wütend hier,
erlatscht muss werden dieses Tier.
Mit meinem großen Hausschuhschlappen
werde ich sie wohl ertappen.

An meine Lampe fliegt der Schuh,
doch hab ich immer noch nicht Ruh.
Die Leuchte gibt nun nicht mehr Licht,
denn sie verträgt die Schläge nicht.

Ich lege mich noch auf die Lauer,
doch das ist nur von kurzer Dauer.
Bald summt es wieder um mich rum,
beim Fangen fällt der Nachttisch um.

Irgendwann schlaf ich noch ein,
das Jagen lass ich schließlich sein.
Denn morgens naht die Stund der Rache,
weil ich ihr dann den Garaus mache.

So voller Blut ist sie zu träge,
die kleine schwarze Nervensäge.
Und voller Wut zerdrücke
ich diese freche Mücke.

Ein Blutfleck ist's, was übrig blieb
von meiner Hände derbem Hieb.

Die Wohnung ist zwar sehr verwüstet,
doch ich bin gut und gern gerüstet
für Mücken, die mich nächtlich stechen,
an denen werd ich morgens rächen
das Blut, das ich verloren habe.
Das ist meine besondre Gabe.

Als Warnung schreib ich dies Gedicht,
krieg ich die Mücken nachts auch nicht.
Sie sollen sich nur ruhig mästen,
wer zuletzt lacht, lacht am besten.

Dein Försjöööööööö!

Försjö im Zauberwald

Vom tiefen Schweden
komm ich her,
ich muss schon sagen,
es schneit dort oft sehr.

Am Himmel viele Flocken fliegen,
bis sich dann alle Bäume biegen.
Und auf den zarten Tannenspitzen
sieht man die kleinen Sternlein sitzen.

Den Hasen sterben ab die Ohren
und auch mein Schwanz ist abgefroren.
Kein grünes Blättchen zum Zerkaun,
kein Häppchen Gras lässt sich verdauen.

So ziehe ich durch Flur und Wald,
der Magen knurrt, die Füß' sind kalt.
Doch einmal hab' ich mich erschreckt,
da habe ich gar was entdeckt.

Es schaute aus ner Tanne raus,
und sah besonders seltsam aus:
Hat große Ohren wie ein Hase
und eine dicke lange Nase.

Sein Fell ist blau, die Finger grau.
Und erst die platten Füße!
Es passte nicht zum Tannengrün.
Nein, so was! hatte ich noch nicht gesehen.

Es sah zum Fürchten aus,
zum Gruseln.
Doch, warum tut's
im Wald rumwuseln...?

Gleich wollte ich das Männlein fragen,
vielleicht kann es ja etwas sagen?

„Du fragst, was ich im Wald hier soll?"
sprach es. „Ich heiße Flips und bin ein Troll.
Ich wohne hier im Zauberwald,
aber heute ist mir oberhundeelchkalt."

Und das war es mir auch bald.
Er bat : „Ach nimm' mich mit zu Dir nach Haus.
Da geb' ich Dir ne Flasche Rum aus."

Ein Elch verträgt kein Alkohol,
so wurde mir nun gar nicht wohl.

Und trotzdem war die Neugier groß,
ich dachte: „Ach, probierst halt bloß."
Und gleich ging unsre Reise los.

Er sprach nur kurz: „Du bist ein Schatz!"
Und nahm auf meinem Rücken Platz.
So musst ich durch's Gehölze hetzen
und sprang nach Haus in wilden Sätzen.

Dort haben wir den Rum probiert
und gleich darauf ist es passiert:

Das ganze Zimmer drehte sich
samt Troll und Flasche wild um mich.
Die Beine haben sich gebogen
und schon bin ich im Geist geflogen.

Ich konnte wirklich kaum noch geh'n,
und hab' den Troll zweimal gesehen.
Ich torkelte zur Tür hinaus
und Flips, der Troll, lachte mich aus.

Er hat die Türe zugemacht.
Und ich blieb draußen über Nacht.
Ich sang die schönsten Melodeien
und schlief so gegen Morgen ein.

Nachdem ich wieder zu mir kam,
da bin ich aber bös' geworden
und holte Hilfe aller Orten.

Mein Onkel hat den Troll vertrieben
samt Rumflasche mit derben Hieben.

Und die Moral von der Geschicht`:
„Vertrau; den schwedischen Trollen nicht!"

Dein Försjöööööööö!

Im feuchten Sumpfe

An einem warmen Sommertag,
der wie gemacht ist zum Flanieren,
entschloss ich mich, weil ich's so mag,
ein Stück im Sumpfe zu spazieren.

Dort blüht das Kraut an jeder Pfütze
und alles schmeckt nach Kräutergrütze,
die meine Oma gerne kochte,
und die ich ganz besonders mochte.

Und wie ich so in heller Freude
durch meine bunten Wiesen strich,
da packte plötzlich etwas mich
an meinem hintern linken Bein.
Ich röhrte: „Hallo, lass das sein!"

Es hatte einen grünen Bauch
und kalt und glitschig war es auch.
Bald wusste ich es ganz genau:
Das ist ein Frosch, der sucht ne Frau!

Doch ich war nicht für ihn gemacht.
So hab ich lange nachgedacht.
Es musste mir doch wohl gelingen
von der Idee ihn abzubringen.

Im Gras bin ich herumgesprungen,
hab üble Trinklieder gesungen
und alles an mir ausprobiert,
was selbst verliebte Frösch' geniert.

Mein Bein beugte ich mühsam vor,
um ihm mal streng ins Aug zu sehn.
Da schnappte er nach meinem Ohr
und wollte immer noch nicht gehen.

Auch wenn ich nicht den Sumpf bewohne,
so wusste ich, das ist nicht ohne,
denn ich hab seine Art erkannt:
Sie werden „Schnappfrösche" genannt
und schnappen ständig unentwegt
nach dem, was sich um sie bewegt.

Sollt ich ihn mit nach Hause nehmen?
Hach, war das eine schlimme Qual,
doch blieb mir keine andre Wahl.

Drei Tage lang hat er vermessen
an meinem Beine festgesessen
bis seine Liebe nachgelassen,
dann konnte ich ihn endlich fassen.

Ihn in den Sumpf zurückzubringen,
darauf hab ich dann doch verzichtet
und nun in Omas Einweckglas
hat er sich häuslich eingerichtet.

Mit Wasser, Gras und einer Leiter,
die rutscht er hoch und runter weiter.
Das stört mich aber gar nicht mehr,
mein Bein hält ja nun nicht mehr her.

Und außerdem, es trügt der Schein,
ein Schnappfrosch kann auch nützlich sein.

Beim Frühstück sitzt er neben mir
und stört mich eine dicke Fliege,
die ich mit meinem Maul nicht kriege.
Schnapp – weg ist sie! Ich freue mich
und er verdaut sie dann für mich.

So leben wir in Zweisamkeit
und sind zu manchem Spaß bereit.

Das Blatt hat sich doch noch gewendet.
Wie schön, dass die Geschicht' so endet
wie sie der Försjö gerne lenkt.
„Manchmal ist mehr drin als man denkt."

Dein Försjöööööööö!

Im Gewitter

Ich bin einmal im Wald spaziert,
da ist mir Folgendes passiert:
Ich geh so in den Abendstunden
durch die Büsche meine Runden.

Da höre ich von Ferne schon
ein Donnern und ein grollend Ton.
Auch tat es bald schon mächtig blitzen,
ich dachte mir, nichts überstürzen.

So langsam fing's zu regnen an.
Nach Hause gehen, ich dacht nicht dran.
Ich stell mich unter einen Baum,
so dacht ich mir, dann merkts man's kaum.

Diese Idee war schlecht, wie immer,
denn das Gewitter wurde schlimmer.
Auf einmal tat es einen Knall,
ein Blitz brachte mich rasch zu Fall.

Die Eiche, unter der ich stand,
ist vollends und schnell abgebrannt.
Mein Gehörn tat kräftig rauchen,
mein Fell war nicht mehr zu gebrauchen.

Mein Schwanz glamm fröhlich vor sich hin,
wie gut, dass ich am Leben bin.
So bin ich schnell nach Haus gerannt,
wie hatte ich mich arg verbrannt.

Seitdem horch ich in den Wald hinein,
bei Gewitter lass ich's Wandern sein.
Denn das lass Dir vom Försjö sagen,
die Blitze kann man nicht vertragen.

Dein Försjöööööööö!

In den Pilzen

Im Herbst such ich in allen Ecken
am liebsten aber unter Hecken,
weil sich dort Pilze gern verstecken.

Nun wollt ich sie nicht lang studieren,
am besten gleich einmal probieren.

Ein weißer Stiel, ein roter Hut,
gefiel mir ganz besonders gut.
Die weißen Punkte hab ich gerne,
sie leuchteten mir aus der Ferne.

Doch plötzlich sah ich alles doppelt.
Sechs Hasen kamen angehoppelt
mit blauem Fell und grünem Haar.
Wenn das nicht von den Pilzen war.

Ein rosa Bär mit gelbem Hut
stand da und mich verließ der Mut.
Drei Auerhühner lachten heiter,
ich dachte mir, wie geht das weiter.

Ne lila Kuh begann zu muhn,
ich konnte nichts dagegen tun.
Das Gras vor mir begann zu schwanken
und um die Bäume Fähnchen rankten.

Die Sonne strahlt in himmelblau,
jetzt wusste ich es ganz genau.
Ich sah alles in anderm Lichte
und setzt mich unter eine Fichte.

Die Pilze grinsten mir entgegen,
so ging es mir nur ihretwegen.

Hätt ich doch lieber mich belesen,
dann wär ich schlauer gleich gewesen
und hätte dann ganz mit Bedacht
nen Bogen um die Art gemacht.

Nun saß ich bis zum Abendbrot
im Gras in meiner großen Not
und sah noch allerlei Getier,
die waren aber gar nicht hier.

In Schlangenlinie gings nach Hause,
dort macht ich eine lange Pause.
Ich koste keine Pilze mehr,
ist auch der Magen noch so leer.

Solch Abenteuer, könnt ihr glauben,
soll nicht nochmal die Sinne rauben.
Und heute sag ich jedem Kind,
dass Fliegenpilze giftig sind.

Dein Försjöööööööö!

In der Schule

Es war einmal, so ist's geschehen,
ich sollte in die Schule gehen.
Besonders mocht ich Zuckertüten,
die an dem Zuckertütenbaum erblühten.
So manche süße Leckerei
kam mir gelegen nebenbei.

Ich koste ihren Inhalt gern,
Schokolade, Bonbons, Mandelkern.
Und dachte ganz bei mir daran,
die Schule fängt ja lustig an.

Doch Lesen, Rechnen und das Schreiben
konnten mir recht gestohlen bleiben.
So war ich faul im Unterricht
und das gefiel dem Lehrer nicht.

Wie oft versucht er mich zu bitten
und schimpfte über meine Sitten.
Allein es half kein Weh und Klagen,
er mochte, was er wollte sagen.

Bis mir mal meine Omi schrieb,
ein Briefchen, das mir dunkel blieb.
Was stand nur drin in diesen Zeichen,
so konnte sie mich nicht erreichen.

59

Die Neugier ließ mich fleißig sein,
und oft schaut ich ins Briefchen rein,
damit ich das Geheimnis lüfte,
was die Verwandtschaft sehr verblüffte.

Bis endlich ich nach einem Jahr
zu lesen ihn imstande war.
Lieber Försjö, schrieb sie mir,
auf golden-rosa Glanzpapier.

Du musst die Schulbank kräftig drücken,
darfst von dem Fleiße nicht abrücken.
Dann wird aus Dir mein ganzer Stolz.
Mein Elch, Dein Kopf ist nicht aus Holz,
sondern zum Lernen er gemacht.
Was hast Du Faulpelz Dir gedacht?

Sei brav und üb Dich im Studieren
und nicht gleich die Geduld verlieren.
Der Meister fiel vom Himmel nicht.
Das Lernen ist des Lebens Pflicht.

Nun hab ich meine Omi lieb,
so dass mir auch nichts übrig blieb,
ich wollte ihr doch Antwort geben
und nicht in Unwissenheit leben.

So hat die Neugier mich gebracht,
wozu so mancher nicht gedacht.
Ich lüfte noch Geheimnis viele,
weil ich recht fleißig bis zum Ziele.

Das soll jedem ein Ansporn sein,
das Können kommt nicht von allein.

Dein Försjöööööööö!